владимир гандельсман

воздух руками ловлю

Published by Virgola Press
www.virgolapress.com

ISBN: 978-1-968788-13-1

владимир гандельсман

воздух руками ловлю

VIRGOLA
P R E S S

окно

Птичий щебет в золотом окне
и резьба по дереву в огне,
промельк, промельк мотыльковой почты.
Проявленья жизни беспорочны.

Все они растут-летают голенько,
а сквозь них просвечивает нечто,
что не знают люди-алкоголики,
что, в отличие от человека, вечно.

Ты прочтешь это в глазах кошачьих
или в кронах, свет крошащих,
сквозь крапивницу или капустницу узришь –
и в секундном слове воспаришь.

Что чудней и что разнообразней
нелакейских сил природы? Что случайней?
То, что не заискивает в жизни,
ближе к равнодушной ее тайне.

Городской пейзаж

Пот осени, когда она тепла.
Задымлены небесные тела.
Голубоглазы жестяные крыши.
За деревами – острова.
Шарфы на шеях и немного выше.
Яйцо в оплётке – голова.

На Петроградской стороне –
дождей косящая страда.
Когда я в ноябре родился, мне
еще и года не было тогда.
Но уж в родные закрома
ложилась – кто б вы думали? – зима.

Ее полей белеющая мгла.
Секунда жизни быстро истекла.
А то б я волновался дольше
да и сказал намного больше.
Но кротость говорит: будь краток.
И воцаряется порядок.

***

как чудесно никем
чистокровным ничем
ничего на крючке
чайка на каланче

ни о чем никаким
беспечально ничьим
вдоль точеной реки
где лепечут лучи

ни о чем ни о ком
и тщета нипочем
только рифма легко
только жизнь горячо

***

Шел за ручку нá реку, медленно разгорался день,
накупили на рынке ягод и фруктов, дивный
благоухал прилавок, в рифму просилась тень,
и едва отошли, ты схватил белоналивный
плод и роскошно и жадно его разгрыз!
Кто осадит тебя за жадность или осудит,
если в каждой молекуле так сверкает жизнь,
точно знает доподлинно: миг – и ее не будет.

***

слышишь звучит паровозный гудок
станции Сновск ненасытный глоток
воздуха с примесью гари
в горле застряли толчки поездов
запах травы остывающий ночью гербарий
во́лны за изгородью черных садов

вровень с ребенком задуман плацкарт
руки родные отрывочный пар
вовремя вовремя надо сойти
по узорчатому железу ступенек
голос с третьего или седьмого пути
вдоль полотна крапива ревень репейник

улочками под россыпью звезд живых
мимо подсолнухов спящих седых
источающих накопленный жар
помню а если забыть придется
шевеление стад коровьих или овечьих отар
нескончаемо и без тебя не прервется

Выписка из больницы

Смотри, вот белый порошок,
вот желтый, синий,
зеленый, а на посошок
прими павлиний –
на случай, если времена
перемешались
и ты забыл их имена.
Чья это шалость?
Господня? – Только что в мозгу
вертелось слово,
а вышел – свет, и не могу
найти простого.
Ни слова, ни лекарства нет,
ни дня, ни ночи, –
жизнь, распушив павлиний свет,
мне застит очи.

стихи

тайн хранитель тайну выдай
и из трубочки своей
шар стекла прозрачный выдуй
в ветвь стиха его извей
зимним ливнем летним градом
оперением реки
электрическим разрядом
вдоль искрящейся строки
лень души и разум косный
бездыханный сон мирской
просквози молниеносной
и вседышащей тоской
груша выльется из колбы
новым деревом взойдет
лишь толпою капель шел бы
шел бы точный звездочет

Рай

Все высветилось и – предстало.
Стих уличный гул.
За шиворот капля упала.
Прохожий на ветку взглянул.

Сегодня им не разминуться,
прохожему с каплей, и вот
какие-то дети смеются.
Какая-то краля идет.

На тоненьких ножках, с котенком
в руках, поспешает она,
и легкой приправою к тонким
добавлена чуть кривизна.

Ей вслед – так игрива походка –
присвистнул строитель с лесов,
и счастливо дышит красотка,
не ведающая часов.

День солнца и ласковых выдач
упавшего с неба тепла.
Не так ли, Борис Леонидыч?
За шиворот капля стекла.

Снежок возле дерева талый,
и песню заводит свою
улыбчивый нищий: «Пожалуй,
я умер, поскольку – в раю».

***

С утра, чуть рассвело, я у подножья
цветка увидел крохотный обоз –
карминный с черной крапинкой – то божьей
коровке в насекомый храм брелось.
Чуть вздрагивали иногда надкрылья –
взлететь ли ей на праздничный простор
или вернуть крылатые усилья
обратно в шеститочечный узор?
Цвел колокольчиков тончайший хор.

Кузнечик велимир, как бы калека
с клюками, приготовился лететь,
и усики подъял его коллега,
из листьев мари выглянув на треть.
Полз муравей, неутомимый левин,
плыл мотылек ганс христиан, цветы
целуя и не ведая беды, –
к заутрене, на маленький молебен
во славу их праматери – Воды.

На поле пасся, вдалеке от крова,
конь, и блистало тело вороного,
как черные китайские шелка:
взглянуть – и вмиг зажмуриться, и снова
взглянуть, но так, чтоб дрогнула строка.
Из полевой необозримой шири
я в лес забрел, где чудилося мне
то зинь, то фью, то сип, то цири-цири...
И там остановился в полутьме.

Великое событие оленей
шло меж деревьев, бережно косясь.
Их ласковое пламенное племя
несло рогов изысканную вязь.
За ними шел поэт в пижамной паре
и бормотал сквозь круглые очки
одический рефрен о божьей твари.
День угасал, но вечер был в ударе,
и что ни шаг взрывались светлячки.

гроза

вяжут ломаные спицы молний
издали и всё неугомонней
в быстрых бога руках
жизнь земную нитяную
электрическое поле
всех шерстистых тварей
на десятую секунды долю
озарится прежде чем ударит молот
и в мельканьях молний
тем молитвенно-безмолвней
мир предстанет
лепета он жизни молит молит

тварей шерстью трущихся в траве
загорающийся глаз
иголкой колк
на краплённой каплею тропе
как янтарь и шелк
шелк и янтарь
грянут фабрики туч грозовых
фабрики парящих льдинок
цапли ломаные спиц
воздуха сквозной пробой
первой пробой освежит
и в небе голубой
мозг извилинами задрожит

человек

никуда не метящий
не светящийся
в разговоре медлящий
не ветвящийся
в небе не витающий
взгляд свой прячущий
дню не отвечающий
ночью плачущий
человек бытующий
и трудящийся
человек тоскующий
и томящийся
то ли стих не греющий
то ли стоящий
то ли ветер веющий
то ли воющий

Не меч и тать. Мечтать!

Лучится мир: в нем нет лечебниц,
ни смерти, ни чумы предательств,
и ты, летальный вовлеченец,
отныне вечн, без отлагательств.

Нет ни холопов, ни высочеств,
есть равенства священноучасть,
не сбивчивость и брех пророчеств,
но сбывчивость, расчет, могучесть.

Сверкает город электричеств,
и высших чудотворных качеств,
и благ бесчисленных количеств,
и в звездном колпаке чудачеств.

Не чад войны, но многочадость,
и в общем воздухе отечеств
мы празднуем с тобой зачатость
и разум встречных человечеств.

И не плачевность и печальность,
не ночи выморочной нечисть,
нам сёстры – речи изначальность
и птичья утренняя певчесть.

На закате

Безрассудному звуку предаться,
речь ручную предать,
чтобы не было чем оправдаться,
блудной зауми зуд оправдать.
Беспризорному псу уподобясь,
жить, привязанность к будке смешна,
как имущества опись.
Кладь ручная, кому ты нужна?
Заглянувший в колодец,
у которого дно — в небесах,
он теперь инородец
здесь, где умствует страх
и с душою легко сторговаться.
От увиденного ни на миг
заглянувшему не оторваться.
Не в обход — напрямик
он прощальные песни заводит —
преизбыток в них жизни такой,
что слепящее медлит еще, не заходит.
Всё висит и висит над строкой.

Безумному монарху

К сумасшедшим птицы тянутся.
Мозга нет у малых сих.
Руку им подай – останутся
навсегда в руках твоих.
Ты подобен им, ты весь иной,
посвисти, вверху побыв,
как бы тронув воздух песенный,
поцелуем пригубив.
Сколько вех и мелких вешечек
в роще, щебет и щелчки, –
вместо головы – орешечек,
вместо лапок – щипчики.
Руку с кормом выставь наискось,
бормоча: «лети, лети», –
и слетятся птицы, зная сквозь
ветви верные пути.
А потом и та, что с крыльями,
та, что всех безумней, сир,
унесет тебя усильями
мерных взмахов в райский мир.

из сборника «вещи» (стихи 2021-2023и.)

за городом

страда моментального отклика
в воздушном идет синема:
на взгляд откликается облако –
в разрыве его синева.

на мысль отвечает акация –
соцветий горят образцы,
а вечером в поле за станцией
сверкнут проливные косцы.

вода жизнесмерти проточная:
лишь рыба плеснет в тишине –
сорвется звезда полуночная
и мир шевельнется в зерне.

***

соберем хворост прошлого,
эту хворость, где нет ни тебя
со мной, ни меня с тобой – проще ли
было, когда судьба, темня,
выбирала тех, с кем нам легче,
пока не легла, радость моя, на плечи?

соберем, чтобы сложить костер, и
пусть горит огнем он, ломая пальцы,
а когда сухая листва, как скорый,
пронесется, испепелясь, по ветке, – скитальцы
прошлого, мы друг друга
разглядим без испуга.

так на платформе внезапно двое
остаются, осиротев на долю
секунды и потеряв родное,
осторожно пробуя новую волю
и замечая, что уж теперь они
совершенно, радость моя, вдвоем одни.

ты нежнее мысли о нежном. если
тьма загробная – тьма и только,
то отныне частица ли света, весь ли
свет, тобой зовущийся, там надолго,
на всю мою смерть, и значит –
навсегда, потому что бессмертно начат.

***

дай письма равносильного лесу,
равносинего небу письма,
равноссыльного кровле, железу
полужалобы-полужилья,

с переблеском чердачным на хищном
заостреньи пера и ночным,
раздышавшимся травами, нищим
и свободным пространством моим,

будь согласно наклонному свету, –
так земная поверена ось
ледовитым, откуда-то сверху,
и безадресным взглядом насквозь.

река

пока листвою тянет прелой,
покоится передо мной
кораблик видимости белой
и берег зелени пушной.

и, радуясь небесным высям,
как бы с предшествующей им
ночною выемкою писем,
летит какой-то нелюдим.

пока он длится без усилья
и видит проблеском клавир
сырой реки, – реки, и крылья
себя влепечивают в мир.

***

я шел, я был один на белом свете,
и только колокол небесный бил
безмолвно, и сжимали горло... эти...
объятия?.. рыдания?.. забыл.

я шел, и сквозь деревья холод голо
на землю падал, и клонился... да...
день?.. и сжимали горло... горло...
но что?.. к чему клонился он?.. куда?

я шел, я с белым светом был в разлуке
и вдруг в окно взглянул сквозь темноту —
там человек стоял, раскинув руки,
прибит прибоем вечера к кресту.

***

всполо́хи звезд горящим порохом,
и эти, сорванные с крон,
раскрики хриплые воро́н,
раскрики и круженье ворохом,

и гусениц меха – то сжатые,
а то растянутые на
один прополз – кора черна, –
себя в свой кокон провожатые,

и ночь, и ночь до часа раннего,
до упраздненных в небе вех,
когда я устремлюсь наверх,
коснувшись синего бескрайнего,

и с птичьего полета птичьего
увидев точку на земной
коре, явившуюся мной,
исчезну, чтоб врасплох постичь Его.

***

мост Иоанновский, чуть выгнута
его спина, снег первозданный,
лететь и таять – что за выгода? –
младенческий, ты гость мой званый.
у розовой полоски крепости,
где парк и на зиму есть горка,
дни шли пешком в своей конкретности
и расходились, как «Вечорка».
и тратились запасы царские,
пока светилась та полоска,
и запах типографской краски я
вдыхал, застыв возле киоска.
какое-то дитя заревано –
мать за руку его куда-то,
и мне взволнованность дарована,
как вспышка между строк заката.
не горб империи по гроб нести,
но облик облаков небыстрых
и ювелирные подробности
деревьев в каплях серебристых.
что там еще? смущенье, скованность,
за «Стерегущим» жалкий лепет
и много больше, чем взволнованность –
любовь и всякий прочий трепет.

***

мать за руку со мной, и вечер чудный
в пятидесятом, господи, году
напомнил этот пригород безлюдный.
прости, к простому слову припаду.

взять осторожно снега на лопатку
или упасть, от боли голося...
я засмотрюсь на детскую площадку,
как кинозал, смеркающуюся.

боль и обида в рост пойдут, не удаль,
но это, как в бинокле, далеко,
вот бегает дворовый мальчик, трудно ль
быть гением и так любить легко,

озвучив зимний день свободной речью?
а вот и мать — казенному отбой! —
за ним пришла, он ей бежит навстречу.
не плачь, не плачь, придет и за тобой.

***

Не се ль Элизиум полнощный...
А. Пушкин

сквозь редкий снег мы этот город весь
пройдем и удивимся с непривычки,
какие ходят худенькие здесь
колеблющие воздух электрички,
как, в сумерках впадая в забытьё,
Господень храм без пристальной опеки
разменивает золото свое
на нищий сад, все сбывший до копейки,
как зимний день умеет озарить
в оконных переплетах те страницы,
в которых он приговорен прикрыть
в три пополудни серые ресницы.
вот эти жизнь и смерть, не обессудь,
смотри, не оскверняя их проклятьем,
и если ты не римлянин, то будь
невозмутимо зорок, чтобы стать им.
пройдем весь город вдоль и поперек,
висящий на пунктирных нитях,
чтобы забыть роскошность этих строк,
не стоящих его, забыть, забыть их.

***

ты узор, нерукотворно вышитый,
жизни бережно осиль.
видишь, как слетает с крыши той,
вьется пыль

снежная, покуда не рассеется,
в чистокровном воздухе висит,
тянется, и светится, и веется,
как дымит

во дворе котельная и, стало быть,
как на белом – гаревый налет,
как умеет косо ломом скалывать
вратник лед?

пристально во все вживись:
в перекличку огненную фар, в
бег служивого – как, съежившись,
дышит в шарф.

несказанное лови, бесшумное.
я в разрыв проникну временной
и, пока не выдворен, вдышу мое
в то, что мной

станет после жизни, и с удвоенной
силой ты увидишь вдалеке
гаснущий мой вечер, упокоенный
здесь, в строке.

минувший стихотворец

старатель приисков золотоносных
в продольных гулах улиц, вахт
ночных сжимающий свой посох
(гусиное перо), подъемных шахт
блюститель, чахнущий кащей-зачинщик
непререкаемых речей,
их сточенный на нет точильщик
и – кто еще?.. старик. точней,
отслеживатель всяческих мерцаний –
не окон – ламп зашторенных скорей
и обреченный слушатель бряцаний
в небытие грядущих фонарей,
а по весне, где верховодил
апрельский день, лазоревый на срез,
я тайнозритель просветленных вётел
и созерцадик царственных небес.

***

когда я жил ее любя
и с нею слитно
я повторял внутри себя
свою молитву
не дай отчаяться строкой
и поразиться
что кто-то дольше чем другой
под небом длится
не дай ей смерти никогда
чтобы на свете
она осталась навсегда
не дай ей смерти

***

идя из школы музыкальной,
где пруд зеркальный
(еще сонатное анданте
как отзвук «данте»
в ушах звучало, но стихая),
в начале мая
прозрачный свет неимоверный
я встретил вербный.
и не было ни ноты дальше
без капли фальши.
летали в небе жизни птичьи,
но Беатриче
уже исчезла (вновь соната…)
в огне заката.

***

небо звезд ли, микроны
мги, листва ли сыра и промозгла...
но творение кроны
человеческой – мозга –

вовсе чудо, Всевышний.
как Ты смог его преумножить?
ведь еще непостижней
это все уничтожить.

что ж тут странного, если
день сегодня светлей, чем обычно,
и легко мне, и есть ли,
есть ли я – безразлично.

под листвою, рожденной
утром, лист лежит прошлогодний,
бездыханный, придонный,
жизни брат бесподобный.

день

торопясь, за ступенью ступень,
дверь парадной...
открывается день
в новорóжденный воздух отрадный,

в ярко-синее небо, в сирень,
в свет отвесный,
в бестелесную тень,
в трепет тени куста бессловесный.

краткий миг – он с тобою не врозь,
беспредельный,
точно кто-то насквозь
проницает сосуд твой скудельный.

и тебя – я нечаянный сбой улучу
стихотворного метра –
держит, словно свечу,
прикрывая ладонью от ветра.

надпись на книге

о сердечной тяжести
или радости, дочь,
о гудке, огласившем ночь,
о его протяжности.
упадет звезда – не моргну.
все навеки проявлено.
небо гарью приправлено –
надышаться им не могу.
это детство мое с такой
нежностью приголублено,
точно там и полюблено
то, что станет тобой.

яблоня

яблоня в заоконной
тишине изнутри
каждой гирьки зеленой
мне глаголет: смотри.

ведь пока голосами
птиц колеблем рассвет,
весом быть и весами –
лучшей участи нет.

зарождается запись
в отдаленье, как гром,
как замес и как завязь
с сердцевидным нутром.

что же так заслоняло
раньше зренье мое?
разве яблони мало,
чтоб смотреть на нее?

***

деревья в сговоре, как близкие
неизлечимого, и смотрят, утешая
тебя, поверх тебя, в луга Альпийские,
цветущие, и боль, пусть небольшая,

но есть, но ест, как эта роль смиренца
непримиримого... молчу, не спорю,
и не смотреть поверх, а насмотреться
я вышел сквозь деревья к морю.

за мальчиком терьер ушастый
бежит то нехотя, то припуская...
не подышать я вышел – надышаться,
и в этом соль, и в этом соль морская.

мимоходом

сутуловатый, в тренировочных
штанах поношенных, белёсый,
марионеткой на веревочных
поводьях движется чуть косо
чернорабочий, только нанятый,
вдоль продовольствий магазинных –
и головою, в плечи втянутой,
вращает, и в его пустынных
глазах испуг – с лицом, повернутым
к заведующей, указаньям
покорствуя, с лицом, подернутым
юродивым полусознаньем...

я прочитал в окне: «ремонтная...» –
и так забилось сердце часто...
что́ жизнь, когда она, дремотная,
безвыходна и безучастна?
зачем так девушка жеманится,
что лучше бы ее не видеть,
и горло горестно сжимается?
пройти, тупой тоски не выдать.
о чем они бормочут, ссорятся,
кричат и плачут среди ночи?
пройти, исчезнуть, не позориться.
прощай, мой друг чернорабочий.

ПЛОТЫ

белые плывут плоты, плоты,
а по берегу склады́, склады́, склады́,
и лежит по тем складам,
что читал ты по складам.
белые плывут плоты, плоты.
молчаливы сомкнутые рты.
в тот и в этот плот заподлицо
вбиты гвозди. узна́ю любой в лицо.

белые плывут плоты, плоты,
по другому берегу столбы, столбы
и платки, платки, платки –
белые, как белых рыб глотки.
белые плывут плоты, плоты.
немо, блёкло небо – взято на болты.
облака застыли, как плоды
в бездыханном зеркале воды.

***

Ире Вальдрон

ты июньский ветер воспой,
дом, умеющий орга́ном звучать,
ты скажи мне, где мы были с тобой,
не молчи, нет никакого смысла молчать,

получил открытку – я лет семи
да сестра двоюродная семи лет,
щелкни, щелкни нас, фотограф, сними,
в синем небе пролети самолет,

конь, пройди всем запахом по траве,
отразись, мотая гривой, в реке,
ты найдешь меня по этой строфе,
а точней захочешь – по этой строке,

вдруг остановился я в декабре,
побелел, прилег из последних сил,
пот холодный проступил на коре,
я просить не стал, никогда не просил,

вот беззвучно прогремел гром,
время строить новый дом, нечем крыть,
мы не скажем никому, что умрем,
никакого смысла нет говорить.

***

вспомни все, что не помнишь, и узаконь.
вот стоишь на платформе, февраль.
в километре справа два – огонь и огонь –
приближаются, слева – царскосельская даль.
есть там комната, комната есть одна,
тычусь в ней, как приеду, из угла в угол,
или сяду за стол – не хочу ни чая, ни сна,
только ночь в окне прогорает из у́гля в уголь.

ни страстей, ни просто чувств – ничего,
ни единой мысли, протягиваешь ли руку,
подай на пропитанье, скажи, чем начинено
существование, ходящее со мной по кругу?
на платформе кафе-павильон, донеслось
чье-то тихое и озябшее: «Аня, Аня...»
надо вспомнить то, что само бы не собралось
никогда даже в серенькое воспоминанье.

***

сёстры медицинские смеются
на своем ночном дежурстве,
разбегаются, сиюминутятся.
звезды гаснут, новые зажгутся.

а кому и не зажгутся звезды.
кто-то там кричит за ширмой,
точно в тело забивают гвозди.
свет над головой надмирный.

а кому и не слыхать в их трюмах
сна, как лезвием точеным
крик, как при пустых трибунах,
чиркнет в небе черном.

а кому и не узнать, что жил он,
если не уколет правда
смерти, на параде был двужилен
и наряден, хлоп – и нет парада.

развяжи повязки мне тугие
да вколи морфѝн... снуются,
скоро сменятся, придут другие.
сёстры медицинские смеются.

***

доение коровы, да, коровы доение,
из-под сжатой кисти руки
косая в ведро струя, ее иногда двоение
между пальцев, пар, парники.
как белеет молоко, как безволие
вечера непреклонно, какая взвесь,
ничего более человечного, более
ничего не замечено в пребывании здесь.
ни смирения, никакого тебе смирения,
ни прощения еще не дано,
есть смотрение, одно смотрение,
и оно – до любви, оно одно,
на простое доение или в сон в глухом
селе, обессилев от жизни, или опять
у забора кривого с подсолнухом
постою и дальше, дальше буду стоять.
где-то есть восток-восход-анатолия,
спи, чтоб явилась, если не будет света,
эта непреклонность безволия,
да, неумолимость молочная эта.

***

я что-то знал сию секунду главное
о жизни без меня, где все окликнуто
и откликается: на ветер – дерево,
на птичью тень – волна залива плавная,
когда ничто друг другом не покинуто
и найдено то, что вчера потеряно.

зареванный ребенок видит зарево
и засыпает на руках у матери,
и вечер бережно над ним склоняется,
солдаты на привале варят варево,
а мироздания всепониматели
без устали в чащобах книг слоняются.

прозрение, что в воздухе маячило,
которым вдруг душа была окликнута –
я оглянулся, – как подмётка, стоптано.
а то, что я его утратил, значило:
все обошлись, прислушайся: ни крикнуто
«куда ты подевался?», ни прошёптано.

***

смотрю: дитя котенка тискает.
вот мир – ни весел, ни печален,
никем не создан, он бытийствует,
он до-начален.

никем, ничем, своею ясностью
на небе и земле начертан.
живясь людьми и мною, в частности,
он тем исчерпан.

ты не предмет ему угодного
задуманного прорастанья,
ты просто след его свободного
существованья.

с дитятей и котенком – в детстве я,
и с ними тихо и безвестно
единством времени и действия
скреплен, и места.

явившись, мир рождает заново
себя, чтоб пребывать в начале –
вовеки – ясного и явного.
шлюп на причале.

не молотильщик я, не веятель,
не штукатурщик я со шпателем.
как Бог, я был рожден свидетелем,
не созидателем.

ничто, ничто никем не создано,
нет установленной загробности,
где все заранее опознано
в ее утробности.

и даже эта речь, прости,
не создана́, она весеннее,
найдя сама в мгновенной вечности
себя, – спасение.

старое кино

в том дому я не жил – ночевал,
только раны, скуля, врачевал
и зализывал.
и считал до получки гроши,
и обиды на нитку души
все нанизывал.

там висел твой портрет. на глазах
этой живописи – я в слезах
и мычании
засыпал, пробуждался и вновь...
помню, фильм назывался: «любовь
и отчаянье».

выйдешь в осень – и сразу темно...
я смотрел на себя сквозь окно
запотевшее:
в сером демисезонном пальто
шел на площадь я, как в шапито
опустевшее.

и стоял там под фонарем,
моросящим дыша сентябрем,
первой хворостью,
и дрожал там, и долго смотрел,
как портрет вместе с домом горел,
с тихой горестью.

не учи, как в последней строке
мне сострить в шутовском колпаке.
духа вражьего,
вот он, фильм, не иголка в стогу,
титры есть, но читать не могу,
слепну заживо.

***

не прячься, говорю, не прячься,
не закрывай глаза,
с открытыми глазами плачься
в синеющие небеса.
там трепетная жизнь не тонет
и тонки голоски
тех, кто усопших не хоронит
по-воровски,
лишь богу птичьему, благие,
благодарение поют
в своей небесной литургии,
как будто гнезда мертвым вьют.

***

получил, говорит, в столовой суп,
холодный борщ,
сел, ссутулясь, хлюп, хлюп
(мать – ребенку: ты не топорщь
глаза), сижу, говорит, нищ
и небрит, и тощ,
и в окне еще луч из-за темных ниш,
звучащий точь-в-точь
как слово. Слово. но то не я,
показалось, сижу, я не мог
чтоб слеза в тарелку. нет, не моя.
это мною, думаю, плачет Бог.
это Он от жалости и любя.
луч в окне горит.
в избавлении нацело от себя
чистота безупречная есть, говорит.

***

дрогнувшая ли свечой в затоне
звезда, задета веслом,
ночь ли, греющая свои ладони
моим теплом,
дерево ли, во мне негодуя
на ветер, кочующий по углам
сознания, – едва уйду я
по неотложным делам, –
смолкнут... другой им ссудит
жизнь – что с того?
для меня их созвучие будет
мертвы́м мертво́.
к этим хлеба краюхам
время прикасаться другим, свечу
зажигая и слыша всем слухом,
как я глухо молчу.

***

снится котенок реснится
что мне еще предстоит
сон как бумажный кораблик кренится
чьими слезами пропитан и что он таит
хочет проснуться просунуться хочет
в жизнь но томительно длится
тлится недоброе прочит

прячет в ресницах как в прятки
дети играют втемне
краткого времени только укратки
только украдки украденного снятся мне
дочь у окна нараспашку и веток
дерева быстрые прядки
вспыхивают напоследок

как мне письмо переправить
если оно в никуда
тонет кораблик и память не сплавить
явью себя не согреть и сгореть от стыда
что не успел я раскаяньем эти
строки свои озаглавить
нет их отныне на свете

***

рожденный по тому прообразу,
невидимо-неколебимому,
в обозе Господа, по абрису,
еще до Господа любимому
молчащим изначальным словом,
рожденный в человечий гомон,
я стал для крови жизни – кровом
и буквой замысла. но в чем он?

зачем мое дыханье считано
не с таборного и проворного –
с того, которым и молчит оно,
воистину – с нерукотворного?
дыши, дыханье, не бессильных
удел, ты есть – о чем и речь вся –
затем, чтоб выветриться в синих
палатах неба и пресечься.

памятник

пел старьё берём старьёвщик
доносилось со двора эхо
почтальон втискивал в ящик
газету вздыхал эх-хо
шила стрекоча портниха
прачка бельё брала в стирку
становилось к вечеру так тихо
точно писано под копирку
человек отчаивался чего ради
вспыхивал в мозгу сварщик
за окном с тетрадью
переписчик возился сверщик
над колыбелью свои сети
раскидывал путь млечный
я не жил столько тысячелетий
и потом не буду жить вечно

из аллеи

виднелось вдалеке пустое поле,
на солнце детские ладоньки
листвы, как если бы в них что-то пело,
прозрачно зеленели и легонько
дрожали. затевались эти строки
в спокойном и беспрекословном свете.
ни грома, ни грозы, ни рифма «сроки»
еще не шла стиху, ни рифма «сети».
но если ты не слышал гула,
и тишина стояла, не затишье,
зачем, скажи, тебя к жилью тянуло
и краткому дымку над крышей,
туда, где длится вечное застолье
и – умное ли слово, вздор ли –
где вволю злы и рады поневоле,
и счастье смертное застряло в горле?

***

он, читая, увидит: звезда,
и его удивит: жизнь ее – на примете,
и уснет, как умрет, навсегда,
и проснется, – едва на рассвете
заискри́тся роса,
он, послушник, невидимой цепью
приковав себя к тихому, как небеса,
неотступному великолепью
переливной реки, свое слово творит
и за Ним повторяет,
что сначала увидит, потом удивит,
но ни буквы не потеряет.

по́лки

синий десятитомник, одна заря
в нем сменяет другую, и ночь лучиста,
утром в отчий
дом вернешься, благодаря
Александра, – он до стихов охоч и
бегло с листа играет, легко и чисто.

черный с красной полоской Шекспир
под редакцией Аникста, летний –
эльфы, феи, эфир –
на пуантах балетный
сон, и небо, которым лицо умоем, –
оникс с розоватым прослоем.

кто там дальше – не разберу,
кто на третьей слева теснится полке,
кто-то серый вступил в игру
и незваный, откуда
крик осла, и вазы летят осколки,
и скандал творится, и чахнет чудо.

человеческая комедия Оноре́,
бежевые обложки
(отец Горио́ –
я воздену руки в своей норе
и вскричу: «горе, о!
где ты, дочь?» – удаляющиеся дрожки)...

никаких обложек – видение,
краткой боли растение.
по́лки книжные заросли́
фотографиями тех, кто отчий
дом покинул или исчез с лица земли,
и землистым стало лицо белой ночи.

я сказал: ночь, верну слепоглухонемых,
не стращай...
и родной голос печали
услышал: «ты хочешь повторных моих
страданий? не воскрешай». –
и тогда опять рассвело, как в начале.

любовь

о, сумасшедш
стих, ночи смежн,
он свет, он свет ж,
и нежн, и нежн,

я ночью шел к
тебе, и ночь к
ступням, как шелк
травы, и строчк

внезапный блеск,
как иглы, колк,
слепил, и треск
цикад, и щелк –

вот так-то, так т! –
был устн, а там
и письмен в такт
моим пятам.

элегия Марселю Прусту

всё –

«гео́ргики» георгин, гекзаметр полдня медовый
с лепестком на губах,
осиянный шиповника куст,
мать с младенцем и память его нараспах –
(холод помнит ли он ледниковый
и дожизненный,
царь-невольник отныне пяти своих чувств?) –

все прочесть,
все, что есть.

и поскольку я рядом стою,
псалмопевец, тебя воспою,

кружевной твой, отточенный стиль:

собирая нектар, ненароком
левым, правым ли боком
серебристую пыль
задевая – так велено тебе твоим богом, –
унести с шалфея мускатного
серебристого времени пыль
и другие соцветия опылить,
и еще, и еще, и стихами псалма неохватного,

как поля синевой новоро́жденной, день опалить.

пир брачующихся вкруг собора
с розой во лбу –
к ней слетающихся прихожан, всегдашний
их наряд васильковый, шафранный, –
и архангела, что трубит в трубу,
и собор на коленях, к небу воздевший башни,
и тишайший, из чудного света слиянный,
взгляд любви, и гвоздь, входящий в стопу, –

всё прочесть –

этот старческий скорбью прописанный лик,
отороченный рамой окна, –
как чеканка по меди, морщины, – бордовый,
желтый, темно-оранжевый, высвеченный на миг,
как из черного дня, как со дна,
громовой взгляд молчания вдовый.

возвести восковые высокие стены
с пламенеющим цветнем,
с запечатанными каплями меда, –
и отречься. отречься.
     свобода –
возвести эти стены и своды,
и, насытив собой золотистые соты,
исчерпать страсть охоты,
и покинуть дворец, и забыть окрыленные оды.

всё прочесть,
всё, что есть.

и поскольку ты все до единой ячейки прочла
и не тень на величье вещей легла –
свет на нем твоего чела –
ты с него начала! –
я оплáчу в отрадной печали, оплáчу тебя, пчела.

***

пусть вспыхнет моря полоса
и заиграют пяльцы
рассвета, и спадет с лица
сна покрывальце,

пусть к ветке тянется рука
и яблоки срывает
и с плотью их себя строка
соизмеряет,

пусть небо синее, ничье,
где ласточке леталось,
так прояснится, как еще
не прояснялось.

пусть вечереет и втемне
три яблока белеют,
и пусть, когда сгорят в огне,
потом дотлеют

дрова, рассыпавшись в золу,
когда, не начиная,
прильнет к оконному стеклу
гроза ночная,

проснется дерево, дрожа,
и небосвод надтреснет,
я вспомню друга – и душа
его воскреснет.

фраза

я не хотел бы заглянуть в глаза
себе на операционном
столе, где в очереди за
последним вздохом порционным,
пощады жалобно прося
и видя сотворенное строкой
лученье рыбы – в страхе вся –
под острогой,

я думал бы: дыханием согрет,
очнусь – не темных снов сплетенье,
не сложносочиненный бред,
нет, новогоднее раденье
и жизни азбука моя, –
когда, погаснув на краю ума,
мигание я-я-я-я
вновь станет а, –

а-а-а-а – и чайной ложки сверк,
акация и акварельный
автограф летчика, где верх,
а там, где низ, режим постельный,
ангина, мята, мать и сын,
алоэ, свет вечерний и льняной,
ал абажур, кругл апельсин,
альт за стеной.

***

какое счастье жить, вдоль по шнуру
рукой на выключатель наползая,
и ночь спустя проснуться поутру,
когда с ресниц легко слетает стая,
не стая – стайка снов, и жизнь, светая,
блистает над рекой, насквозь святая.

какое счастье, не стихотворя –
я только осязаю, только чую! –
и высший разум не благодаря,
сжимать в руках антоновку ручную
и к вечеру, почти уже ночную,
очнувшуюся речь вдыхать речную.

пусть материнская ладонь ко лбу
ребенка прикоснется. жар даренья!
я жизнь свою за то, чтобы тропу
рассветную найти во славу зренья,
где горделивая семья оленья
возникнет вновь, – отдам без сожаленья.

опус

однажды в феврале горел
наш дом, я на него смотрел.
жена слез не лила,
стояла молча.
дом раздирал огонь клыками в клочья,
пока он не сгорел дотла.

там был отцовский портсигар,
мундштук, часы,
любимый елочный зеленый шар —
все то, что не положишь на весы —
в особенности, если это почерк писем.
их пепел — дар небесным высям.

еще альбом
тех фотографий черно-белых
с зимой, с деревьями в снегу, с катком,
с детьми в попытках неумелых
в «снегурочках» убогих с завитком.
родители за праздничным столом.

однажды, заболев, я сей
полночный опус начал,
уставившись в туза крестей
окна. там дочь прошла и сын маячил.
как странно, что не навестили.
они меня за что-то не простили.

музыка в кадре

день ангельский
да свет золотой,
сельский,
в окне сарай дровяной,

голубь, карниз,
их трое у
стола, рожок из-
под молока, агу,

семья из трех,
в пеленах дитя,
окно – то вдох,
вовсю светя,

то выдох, то
вдох, птичий грай,
ночь, стук лото –
желудь на сарай,

за ним другой,
проснусь – подать
до них рукой –
вот отец, вот мать,

от тех, кого в мире нет,
не падает тень
на золотой свет,
ангельский день.

на свету

явился снег обещанный,
вроде письма.
стекло чуть с трещиной,
а там зима.
стучат стекольщики.
свет бьет в окно.
морозные его укольчики.
заменят — и обновлено.
вот смотрят, жмурятся,
ни слова, там
лишь утро искрится
и тихо замершим кустам.
садитесь, дольщики
зимы и снега, но
стоят стекольщики.
свет бьет в окно.
чай? чай, смущаются.
нет, говорят,
и улыбаются
все двое целиком подряд.
поверь, поверь, есть
начало всех начал:
вот эта мерность...
так молвил я и замолчал.

под фонарем

давай под этим фонарем
необычайное с подъемом –

как если бы мы шли вдвоем
по Кировскому, рядом с домом,
и хлопьями с небес летел
и таял под ногами снег, – как если
бы завернули и желтел
Филатовской больницы (ясли,
мой Вифлеем) фасад, нас ждут, –
как если бы на запах комнат,
где наряжают елку, жгут
бенгальские, где нас не помнят,
поскольку мы не в прошлом, нет,
мы есть! – как если бы, в парадной
снег стряхивая, шли на свет
непререкаемый, отрадный –
он из распахнутых дверей
нас ослепит – и мы в прихожей, –
предновогоднее скорей
давай – как если бы на божий
свет шли и вышли, и не врозь
никто ни с кем, и дышим, дышим –

давай прозрачное насквозь
стихотворение напишем.

***

возьмем, возьмем ту пересадку в Гомеле,
ночную, сонную, вдали,
где люди тихо бегают, – в соломе ли,
не на платформе ли меня нашли?
вот именно, что тихо люди, боязно
кричат, чтобы меня не разбудить –
о, не отстать бы им от поезда,
оставьте спать меня, еще успею жить.

там в стаю суматошную сбиваются,
снаружи, и летят на фонари,
и лают, и рычат, и убиваются,
и, успокоившись, скулят внутри.
эвакуации недавней эхо ли,
тюки закидывают в тамбур и узлы,
прогрохотали через мост, проэхали,
ночь звезд, и зелени, и запаха золы.

откуда знать не тронутому временем
(узнаешь! – на заре прервется сон...),
что под своим беспрекословным именем
ты в Книгу жизни занесен?
все эти полки! я свою запомню, нижнюю.
как мне восход июньский описать
и руку нежную, давнишнюю?
оставьте жить меня, еще успею спать.

сестре моей жизни

радость, радость моя, воссоздам
что потеряно: каплю счастья,
каплю лампочки в коридоре,
время, когда тепло было и в ненастье
и вэйзмир звучало как весьмир, а не го́ре.
кто сказал «аз воздам»?

сложим постель и ее задвинем
в раздвижной диван.
тесно, но рядом дышат родные,
и на подоконнике на синем
фоне (там небо, небо) раскрыл тюльпан
лепестки, и это, радость моя, выходные.

воссоздам что потеряно: тебя, дитя,
только с улицы, от костра, пальцы в саже...
мать толчет что-то в золотистой
ступе... в дальней комнате, ручку крутя,
вылавливает отец «вражьи
голоса» из шипа и свиста.

помни, помни квартиру, во сне
мне явившуюся стихотвореньем.
ты когда-то рассталась с ней на века,
потому воссоздам что пока
помню: банки с соленьями или вареньем,
паутину трещинок на стене.

в них маячили страны дивные, не пути
для побега, не про́волока и гетто,
и не плач, и не тот на колесиках чемодан.
кто сказал «аз воздам»? не слышу. прости,
абсолютный слух (кто затеял это?)
мне, по-видимому, не дан.

да и смотрю я в сторону дома, вспять,
восполняя сторицей разность
между живым и убитым, я
воссоздам что потеряно. знать,
никакого отмщения и не надо, радость,
радость моя.

в ноябре

когда пантограф с провода, искря,
соскочит и качнется, и застынет
троллейбус номер шесть, и тихо станет
в подлунном мире, я скажу: не зря
ноябрь в окне, и рифма к синеве
так неотвязна, и неотвратима,
так ей родна (и не родна – родима),
что блеском льда откликнется в Неве...
секунда – и троллейбус задрожит
и тронется, мелькнет фонарь слепящий,
секунда – и погаснет друг пропащий,
и ток воспоминанья пробежит:
посеребренный инеем простор,
ты из гостей, от тетки, ты ребенок,
и переулок, твой посеребрёнок,
как жизни богоявленной притвор.

снимок на балконе

июнь. в секундный покой его
сирень доносится со двора.
она еще до всего, до всего,
прозрачная на просвет сестра.
черты лица ее столь чисты,
как стих, где я с нею слит,
пока она из листвы, листвы,
солнцем напоенной, состоит.
и если сестра эта не моя,
и ветвь вдали не благая весть,
и если мальчик рядом не я,
то нет любви. но любовь есть.

простые вещи

ласково, по-матерински ласково,
с запахом губной помады.
кегли. шар и лакомо, и лаково
катит, катит по ковру... зачем? так надо.

или по-отцовски празднично,
руки загорелые, воскресно,
трепетно, восторженно, горячечно.
поднимается под полотенцем тесто.

вдруг тебя окликнут не по имени –
по фамилии, и неродные
люди заберут. так надо? ты меня
не зови туда, где проходные.

выйти? но душа упрямо ленится.
что мне мир и инвентарь его?
что за этой дверью, кроме лестницы?
Господи... а дерево? а зарево?

а любовь? ты прав, ты прав неслыханно.
но за ней на цыпочках, незримо –
тени прошлого... да, тихо, но
столь печально, что непоправимо.

прохожая семья в аллее

мать пожилая и сын пожилой.
сын хоть и жалок, ее пожалей.
я не хочу идти следом.
я провожаю их взглядом.

медь этой липы и словно бы всхлип
листьев под ветром. мой разум ослеп,
чтоб свои мысли не видеть
и навсегда их отвадить.

мать присмирела, а отпрыск смире́н
сроду – сморила хвороба, урон
сильный ему причинила.
мать много лет причитала.

медь этой липы и словно бы всхлип
листьев... ослепшего разума склеп.
поздно встают, а ложатся
рано. вот так бы ужиться.

мать пожилая и сын пожилой.
времени жалко, и ты пожалей
лужицу, ижицу в небе
птичек, пространство в ознобе.

письмо

где письмо с Голубиной
улицы, из глубинной
жизни моей-твоей,
с круглой печатью или
с треугольной? мы жили
рядом, но ты правей.

ты правей, у почтамта
деревянного, там-то
встретились мы, хотя
ты еще не роди́лась,
ты еще не рядилась
в память свою, дитя.

где письмо с Виноградной
улицы безвозвратной,
где ее мотыльки
с блеском желто-лимонным,
с профилем их наклонным,
маленькие мирки

в хатах, где жалкий идиш –
и жилец, и подкидыш?
мой возлюбленный друг
с Паровозной, Кузнечной,
напишу: с Бесконечной,
мне дарованной вдруг,

где письмо с Водопойной
улицы, в полдень знойной,
пыльных коровьих стад
ввечеру, где тот зайчик,
девочка моя мальчик,
солнечный сон и сад?

вот оно, пред тобою,
где так вольно покою,
где ползет муравей,

жизнь всегда допотопна
и всегда бесподобна
ты, поскольку правей.

био

где я вырос сказать где я вырос
там окно распахнуто и на вынос
занавеска тюлевая как парус
полощется на ветру
там на крышке рояля кактус
в вазе с дерева рода цитрус
апельсин во всю кожуру
светится апельсинясь

за буфетным стеклом как в рамке
вкруг графина хрустальны рюмки
двадцатипятимилиграммки
чуть войдет кто они звенят
где я вырос я вырос в замке
в замке не на угрюм-реке
в той стране золотой спозаранку
средь волов и ягнят

там я с ними узорно вышит
точно в коврик настенный выжит
берейши́т пашет пахарь пышет
сноп и мельница вдалеке
если хочешь собака брешет
снег ли запороши́т и утешит
так что спишь и тебя там пишет
тишина в строке

лир в саду

день твой жесток. держась за перила
лестницы, тихой тенью спускаешься
в сад, и внезапно, пока не сморило,
вспомнишь, как дочь такой одарила
болью, что закачаешься!

время раскачиваться, время
мерно раскачиваться, ты онемел, молчи,
глядя сквозь дрему на дерева дрему,
зелени лень и ее истому,
все эти мелочи.

руку лишь протяни и ветку потрогай –
то-то рукопожатие...
жизнь продолжается, но, ей богу,
как продолжать ее?

взять и несмелых шагов многоточие
оборвать и, в сердце ночь тая...
пусть оно разорвется в клочья,
если дочь не придет и не молвит: дочь я,
дочь твоя, дочь твоя.

день твой жесток, и время вплотную
жизнь полюбить вечную, ту, что незрима –
стих ее приближает, исчерпывая земную
и примиряя ее, зыбкую и родную,
с неоспоримой.

дальний мотив

в солнечной Вероне,
где течет река Адидже
так, как если бы она в последний
раз текла, как если бы текла впервые,
в солнечной Вероне,
где течет река Адидже,
мельком вечно жить, да, вечно мельком,
просыпаясь раньше,
чем успел увидеть первый сон,
потому что превратила ночь в созвездье
юношу, который от любви,
умер (не в саду ли Капулетти
что-то в этом роде говорилось?),
в солнечной Вероне,
где течет река Адидже,
где, воскреснув, он в кафе сидит,
никого не любящий, спокойный,
и потягивает Amarone,
и на арки Ponte Pietra смотрит, щурясь –
ничего в тот полдень не случилось,
кроме не написанных еще
строк никчёмных,
в солнечной Вероне.

без прописных

1

ты есть, и вдруг затих,
и нет, не будет больше...
я знаю, иссякает стих,
но не любовь же.
страх и его — едва сюда
пришел — слепой накрап, но...
но смерть обыденна всегда,
а жизнь внезапна.
я знаю, кто меня ведет
и что сулит, какие брашна.
гранатовое дерево цветет
за всех. не страшно.

2

как быстро темнеет —
день, вспыхнув, погас.
но чудо всегда ли имеет
счастливый окрас?
запомни: бывает
печально оно,
когда свет вовне убывает,
но светится дно.
так музыка прячет
в своей глубине
нить краткую: время, а значит,
чудесна вдвойне.

сад

там, с обратной
стороны, где ступенчатая утроба,
постоим, чтоб выныривание из парадной
обозначить особо.

но сначала, любимый
друг мой, запах вдохнем
лестницы, холод ее нелюдимый
в том углу – в левом? правом? – да, в нем.

будем зорки,
навсегда будем зорки, так надо:
разломить створки раковины, эти створки
в яркость сада.

взрыв, вдох-выдох-
вдох, и цвет в закипающем веществе,
и поющий хаотичный порядок тихих
птиц в листве.

воскишение – не излишек,
но избыток дня, и свеченье,
и шиповника в соразмерности вспышек
роз – цветенье.

звонкость гонга
в лопушином листе, море плещет,
и поодаль сквозь зелень пинг-понговый
шарик блещет.

строк старание,
друг любимый, ты ближе строки
этой, ближе... ближе, чем на расстоянии
вытянутой руки.

райский, – спросишь, –
сад? в гремящей этой тиши,
в этой... помнишь ли слово «роскошь»?..
да?.. тогда допиши.

***

распечатать письмо?
бел конверт.
пусть полежит оно.
тишина мой ответ.

я боюсь, говорю.
что тебе от меня?
мало ли, что внутри.
повременю.

это как если я
до рождения есть,
не зная себя.
разве желанна весть?

я письмо поднесу
к лампе – да или нет?
подержу на весу,
на просвет.

вижу: вдвое лежит
сложенный ждать.
одарит и лишит.
и одарит опять.

***

красная майка твоя,
брошенная на стул,
такая, мой бог, маленькая,
солнце сухое тая
и мерного моря гул,

так и лежит на нем –
ни тебя, ни его,
мальчика твоего.
только я захожу тайком
от себя самого

и непрожитому: иди, –
говорю, – сюда,
и притягиваю к груди,
сгорев от стыда.
но в комнате той всегда

легко и светло,
легко и светло, мой бог,
если ты одинок
не ущербно и зло,
а как в горле комок.

лес

замрет в какой-то стойке волевой,
упруг и жилист,
когда бесчисленной и лиственной волной
нахлынет шелест.

и кроны станут брызгами огня,
и он вдоль поля –
как если б тысячи младенцев в люльках дня
рукоплескали.

а стихнув, чуть сойдет на нет накрап,
он в небо, вверясь
ему, всей чешуёю вертикальных рыб
идет на нерест.

он вслушается в небо и в улов
ночной, как в мессу,
и небо выводком серебряных мальков
ответит лесу.

один день

воздух руками ловлю.
палец за пальцем люблю
кулачок раскрывать –
времечко убивать.

маленький кулачок ты мой,
что внутри? золотой?
как раскрою его,
кроме линий, там ничего.

так что в третьей строке
не вздумай спросить,
что и в какой руке,
чтобы в скорби не голосить.

день бывает, как ни храни
его, как ни воспой,
неродившемуся сродни,
так он чист собой.

городок

там, где долго жизни краткость
длится, гнезда вьют,
мерно-мирная опрятность,
встроенный уют,

кротки краткие здесь речи,
тих веранды свет,
точно воли человечьи
сведены на нет,

там, где веки праздным утром
размыкают сон,
луч рассветный к златокудрым
рифмам поднесен,

плоть ребенка ровно значит
то, что есть она,
и душа еще не плачет,
с ней разлучена, –

здесь, где мысль живет в обличье
там- и здесь-реки,
в междуречье, в перептичье,
в чуточках строки.

древо

достоверно дерево
до мозга костей.
верю, верю во
все, что Ты сотворил
для Твоих гостей:
верю в птичьих крыл
фигурные скобочки,
в созвездий точки.

куст когтист в декабре,
пышен в июне.
верю, что в творении
ни «е», ни «и»
не исчезают втуне.
мышь в норе
явна глаз угольками,
жизни долька.

я вхожу в леса,
доверяясь зверю,
глядя в его глаза.
но что мать моя умерла,
никогда не поверю.
нет такого: дотла.
древо светится
изнутри и ветвится.

псалом

сердце, сердце левое мое, Господи, – право! –
потому разрывает грудь.
дай прозренье мне, чтоб воссияла слава,
слава Твоя, Господи, или вовсе меня забудь.
видишь зависть мою к этим куцым
умом безумцам –

к ним, не знающим, что не изъеден
лепрой и не в рванье убийца
(пусть издохнет в гниении каждая в нем крупица!)
и что смерть истребляет того, кто беден
и беззащитен? раз мне выпало сбыться,
сделай так, чтоб я стал неведен.

каракурты се́ти ткут, началась пути́на –
на людей, не рыб,
началась охота. разгрязло небо, оно трясина.
в луже моря, среди осклизлых глыб,
вижу тушу,
чьи глаза от жира выкатились наружу.

для того ли я сердце свое очищал вседенно
и всенощно и руки
омывал в невинности, чтоб себя на съеденье
людоедам отдать, давя́щимся жратвой от скуки,
живодерам? конец ли света
Ты задумал? Ты видел это?

пошатнулись ноги мои, теперь я знаю:
пошатнулись. не себя обличая,
жил, но едва прозрел, увидел: сытую стаю
Ты обрек на ублюдочность. разве не жил рыча я,
как они? но сердце окрепло,
восстав из пепла.

через тире-1

со старинной резьбой буфет –
на его лафете
граф графин,
запылавший чуть свет, –
а не граф, так дофин –
как захочешь, солнце мое, мы дети –

от дофина до финского два шага́ –
в правом ящике под лафетом –
там еще в футляре бинокль,
от него духами веет и высшим светом,
ты прости, мое солнце, рифму «монокль» –
он в глазу романного дурака, –

финка! нет, складной перочинный –
счастье сжатого кулачка –
сокровенный вес –
сколько скрытых в прорезях лезвийц –
я ведь, солнце мое, с той же лестницы –
в ту же дырку в заборе пролез –
я с тобой, но поодаль, иду с катка –

разве с варежки ты не ела снег?
нет? не ты? не ты говоришь: пока?
я запомнил тебя навек –

черно-белое фото –
третий «а» или четвертый «б» –
мы в конверте, в ящике, я хочу к тебе –
чук и гек, отцовские письма с фронта –
я вернусь, у нас будет сын –
я смотрю в буфет – вижу сына
отраженье в стекле, он один –
нет ни матери, ни отца –
там на дне
нотный лист, сонатина –
я учил ее без конца –

сон и тина
сна, иди на –
заплетается звук в музыкальном моменте,
дай вплести мне Клеме́нти,
до мажор – да, иди на
брат мой враг мой Клеме́нти –

мука, Му́цио, мука моя –
скука, гамма –

в левом ящике телеграмма,
пожелтели края –
тем пронзительней, чем старее –
не могу без тебя приезжай скорее –
заполнение бланка –
тычь в чернильницу перьевой –
очередь, перебранка –
стыдно текст отдавать – он живой –
в полукруглое
утлое
будьте любезны –
жду целу́ю – чей голос из бездны? –
жду целу́ю люблю тчк

показания счетчика –
все оплачено и обеганы все инстанции –
квиты, это квитанции –
ничего не должны за свет –
расплатились, нас нет –

в кухне – голос из бездны – оставил, пойди погаси,
что ж, да будет воля Твоя на земли́ яко на небеси́ –

больно перекликаться,
но скажу тебе на прощанье, расписываясь слезами, –
я успел погасить облигации
трехпроцентного займа –

видишь эти таблицы –
как ты всматривался, номер ища –

номер свой! – эти лица! –
щастье пишут теперь со «ща»,
чтоб мгновеннее слиться –

щастье рюмочек – эти –
над лафетом – из чистого хрусталя –
выпить, чтоб покачнулась земля? –
как захочешь, солнце мое, мы дети.

***

лодочки апельсинная долька.
мне всего лишь привиделось,
что столь много (по сути – нисколько)
без тебя жизни выдалось.

словно, облокотясь на перила,
над рекою стояла, как нищая,
тишина, но, когда воспарила,
стала всей синевою насыщена.

городок тот был вылитым
раем – помнишь, нам сосны светили?
мы еще проходили там.
боже мой, как мы там проходили –

мёд лённый
медленный
звон медный пчелиный
городок солнцем полдня намоленный
к ночи горит лучиной –

шли – ты помнишь? – по Привокзальной,
по Железнодорожной, Товарной –
там остался рисунок наскальный,
светозарный –

это оттиски рук наших – крона
остролистного клена,
это плавные линии шей
двух на выпасе лошадей.

помнишь? – за Приречной, за Луговой
любовались ими – так тихо они паслись,
как закат в оконце на Угловой.
мы еще проходили там и спаслись –

рей угольный
краеугольный
ковш ночи звездный
гул гул ее нескончаемый колокольный
и гудок паровозный.

***

жить бы нам в дальней дали от доморощенной дряни
где-нибудь, радость, радость моя, в Тоскане.

так залюбоваться тобой посреди разговора,
что не увидеть великолепия ни площади их, ни собора.

Он учил тому, что мы есть: любви, – но Его поминают
не одними молитвами, но и тем, что опять распинают.

нам родиться бы при герцоге Пьетро в Уфицци,
но жизнь началась при убийце и кончится при убийце.

p. s.

всё любящее отстоять...
но если жизнь срезается под корень,
я выбираю смерть, и значит, «быть»
равно «не быть». я ставлю точку, мать.
се человек? но путь земной позорен
того, кто хочет звук и цвет убить.

где первое лицо – подлец,
в империи, где мерзкие спектакли –
отрада публике (она спилась),
я третьим стал (of course!) лицом, отец.
я – он. и мы с тобой – они, не так ли?
лексема «дальше – тишина» сбылась.

ни прегрешений, ни утех.
здесь, в этом поле, снег не обеляет,
ночь не чернит, и некого любить.
здесь, в этом поле, бродят души тех,
кто на снегу следов не оставляет.
и нет вопроса «быть или не быть».

беспамятство здесь властелин.
и лишь строка моя неисцелима,
как если б снилось белой белизне,
как если б снилось слепоте долин
Офелии оливковое имя,
столь серебрящееся в смертном сне.

фотография

осенняя и светящаяся
пора обнищания.
излучение, становящееся
излучиною прощания.

птичка вылетевшая.
девочка маленькая.
мать ее, выглядящая
молодо, чуть печальная.

девочка жмурящаяся,
левой рукой от солнца,
заходящего в будущее,
заслоняется и смеется,

отец, держащий
ладонь на плече
дочери. дрожащие
листья в правой ее руке.

запечатлённая
жизнь, иголка в стогу.
я смотрю влюбленно
и наглядеться на них не могу.

***

пока я солнцем с головы по пояс
облит и взят в витринное окно,
пока иду по улочке, одной из
немногих, где так дышится сквозно,

пока фонтан на площади старинной,
пока базар и детский сыплет визг,
пока корзинку с выпуклой малиной,
переливающуюся от брызг,

несу, пока я только что родился
и не скворчат вечерние сверчки,
ты смотришь на меня, чтоб я продлился,
во все свои чудесные зрачки.

через тире-7

сестре Инне

как я любил гостей – их нет в природе –
все разлетелось в пух и прах –
шарфы и шапки на комоде
и праздничная толчея в дверях –

конец пятидесятых – отсвет дальний –
мутоновые шубки и пальто
вповалку на кровати в спальне –
еще никто

не вышел ни на лестничную клетку,
ни в ночь во двор –
и припозднившийся на табуретку
садится с краю – и гремит античный хор –

«когда мы были молоды, бродили...» –
как корифей неотразим –
как над орхестрой лампочки светили
в одну из оснежённых зим –

как по-бенгальски вспыхивают ночи
и весь фаянс-фарфор-хрусталь –
а пальцы корифея так охочи
до клавиш – черным озером рояль –

как я любил гостей моей сестрицы –
их шепоты – их шапито –
их танцы, их шелка, вельветы, ситцы –
еще никто

не вышел, не ушел – еще встречают
они январскую зарю –
мне девять лет – меня не замечают –
я зачарованно на них смотрю –

***

помню горение
тары дощатой зимой,
львиное рвение
пламени с рыжей каймой.
так непомерно оно,
что в глазах от огня темно.

часами стоял на заднем дворе,
смотрел
внутрь себя, старел.

смотрел в подвал
на обноски зла,
на плесень страха, – и только шквал
языкастый меня отвлекал
от подпольного барахла.

помню горение
тары совсем другой,
и над ней парение
хищной боли моей –
это память, но не моя – ее,
тайный божок.
помню, как собрал тряпье
прошлого, где мы порознь, и сжег.

через тире-9

сладковатый и сырой, сырой
воздух – Царское – отравлен Царским –
ранней, желтой, скользкою порой –

юноша любуется игрой
света, как стеклом венецианским –
ветви с наледью – он в барской

шубе – в черном девушка в окне –
скоро юношам она подарит звук «акме»
ахнувшей фамилией татарской –

(по акáциевой я иду – искрись, искрись,
детское мое – я возле арки
с нянюшкой – Большой каприз –

по акациевой аллее в парке –
на мгновенье в тень и вниз –
я здесь возрастал, и гаснул день, и ярки

фонари в ночи – и в тамбуре цигарки) –
лязг сцеплений – времени горька
гарь – не кипарисовый ларец ларька –

в черном платье женщина в слезах –
я пришла к поэту... – на Смоленском
превратится Александр в прах... –

воздух с тусклым блеском –
саваном Серебряного века –
август – расстреляли человека –

точка пули – есть ли кто в живых? –
дни кончаются, когда о них
свет воспоминания утих –

тени в озерцах зеркал –
сердце пресеклось – бывай, вокзал
Царскосельский! – дальше на трамвай –

руки в рукава не продевай
барской шубы (легче скинуть, если
грабят) – петербургский день – за желчь

петербургского... – я засыпаю в кресле –
утро в сумерках, и лампу лень зажечь –
мимо, тени! – дрогнули – исчезли –

***

в комнатном пространстве сумрачном
светом — только штора приоткроется —
светом — родниковым утром — уличным,
ранним светом зеркало умоется —

жизнь такая маленькая теплится,
мирится сама с собою, ссорится,
замирает, ни мычит, ни телится,
в зеркало с утра пораньше смотрится —

сколько ей навстречу света светится,
окна поездов проезжих сыпятся,
жизнь такая маленькая вертится
перед зеркалом, никак всё не насытится —

через лес дорога к морю тянется,
тихая, извилисто-тенистая,
к берегу сойдешь — она останется,
вспомнив шаг твой, затоскует, мглистая —

маленькая жизнь вот-вот закатится,
от себя как-будто отрешается —
и тогда — ты не смотри, что пятится
и что в зеркале всё жальче отражается —

вспыхнет и любовь, и мысль счастливая,
мысль простая вспыхнет как ей хочется –
как небесный свод, неисчислимая –
мысль, что это никогда не кончится –

***

тенистые дворы,
а там что ни окно,
то жизнью изнутри
затеплено, родно,
и не дворы – шатры,
где время как зерно
хранится до поры,
где целиком оно –
тишйший пульс игры,
где выпало – дано –

пить мёд и молоко,
и воздух утра пить,
где звёзды высоко
мерцают свет пролить,
где птичье далеко –
«ци-ци» или «фьюить»...
какое-нибудь «о!»,
счастливой боли нить –
чтоб нé было легко
отвыкнуть и забыть –

тебе

и легкий блик,
и мельк ресничный,
и крик, и крик
гортанный, птичий,

и солнца шар,
и этот странный
крылатый дар,
и взмах двугранный,

и в сумрак, в лень,
листвою тканный,
ушедший в тень
день первозданный,

и мысль, твое
сраженье с горем, –
теперь мое
созвучье с морем,

и моря ум,
и ветр полнощный,
и шум, и шум
органный, мощный.

монолог соседа

осмелившись, немного обняли
друг друга... жалость?
любовь ли поздняя, подобие ли...
но сердце сжалось.

и вот... спустя неделю где-нибудь
легли — я помню только,
что ветер принялся осенний дуть...
и в комнате мы, два осколка...

в окне дрожание извилинок
куста... и, лепеча, вдруг сбилась
в воспоминание она: «я сильно так
в него влюбилась...»

и в этом лепете невинности
сознанье вспыхнуло втемне мое,
что нóшу прошлого не вынести
ни ей мою, ни мне ее.

детство

отец, он в кителе, мать в кринолине,
и сёстры, сёстры,
и сломанный цветок, и нет в помине
меня, есть ужас острый.

– ты лгал? дрожал от страха? честь дороже! –
и слезы, слезы, –
ты убиваешь, – мама говорит, – меня... о боже,
страшны ее угрозы.

и я пойму тогда быстрей, чем быстро,
давясь слезами,
что всякий шаг есть вид самоубийства,
и заменю себя стихами.

дождь стихнет утром, я окно открою –
там, наклонившись,
деревья с опрокинутой листвою
стоят, как спят, забывшись.

***

вдруг увидел себя подменой
драгоценного и утраченного, о ком
в виноватости сокровенной
тосковала она тайком,

и услышал гул затенённый, ровный
ее прошлого, и потом –
как обрушивается их любовь, огромной
становясь, как обрушенный дом,

и услышал долгое затухание
пульса, пока стал себе незнаком,
потому что лучше пресечь дыхание,
чем спастись ползком.

наказ покинутому

по комнате пробегут лучи –
внезапный поезд в оконной мгле –
вздрогнет в ночи
платформа, точно припав к земле, –

земля ответит своим земляным
дыханьем с приправой сырой
травы и чем-то иным,
чей неведом покрой, –

он не знает, как ему быть
без нее? – невесть
как, но зачем он время хочет убить,
если только и есть

непостижимое, изнутри
изнуряющее, невидимое? – оно –
реальность, и это – слёзы утри –
всё, что дано.

вдохни, ты непреклонно прав,
потому что путь твой тяжел
и платформа, припав
к земле, вздрогнула и поезд ушел.

памяти Вадика Жука

на Кировском сыром и сером,
на Кировском в асфальтовых огнях,
где дамочке, под ручку с офицером
идущей, рифма-эхо вторит «ах»,
на Кировском с искрящимся базаром
предновогодним, где летящий штрих-
пунктир, навеки не напрасным даром
на веках тая, осеняет стих,
над Карповкой с ее изгибом
к больнице с разевающими рты
за стеклами подобно белым рыбам
больными, вещунами немоты,
на Кировском, у входа в «Промку»,
где ты стоишь, где я бреду сейчас,
нисколько не завидуя потомку,
поскольку нет здесь ничего без нас,
на Кировском, которым заручимся,
под будущей строки прибой
мы встретились и мы не разлучимся,
пока опять не встретимся, с тобой.

за справкой

дождь идет как плащ разорванный,
человек в контору шлёпотом
двинет, дрожью разворованный,
спросит справку громким шепотом,

всей своею сотворённостью
божьей спросит (жив он с виду ли?)
перед входа затворённостью,
это самое чтоб выдали...

«хоть и жизнь моя коротенька
да и мало что паршивее,
засвидетельствуйте, тетенька,
как откроетесь, что вживе я...

человек я без наружности,
потому и вздохи вздорные...»
всё молчит кругом в окружности,
только дождь как плащ разорванный...

«если ж здесь при той огромности
и нетленности душа моя
смертна там, в моей загробности,
что́ мне это ваше самое?»

наведывание

я долг погрешности-прелестнице
сейчас отдам и оступлюсь на лестнице,
на той несуществующей ступеньке,
на верхней (за дверьми – рояля треньки)...
вхожу и повторяю: долг нелепице.

в окне мелькнет ли что-то яркое,
ворóнье ли катнётся карканье,
дверных ли пéтель скрип, как ранее,
услышу, с кухни ль причитания
и тапочек изношенное шарканье,

и тиканье часов, и сорное
то лепетанье вздорное,
то бормотанье слова исповедного,
и юноши какого-нибудь бледного
битьё об стену головой позорное.

нет никого, один я, слышащий
того, кто обитал здесь, видящий
след от руки, по клавишам бегущей,
оставшийся от жизни предыдущей,
и звука след безмолвный и вседышащий.

несчастный с горем недолеченным
в ночь выскользнет ли незамеченным...
пусть он споткнется там, где оступился
я только что... но бог не поскупился
и даровал немыслимую встречу нам.

выздоровление

в кругу настольной лампы мреет
тик-так, тик-так... который час?
так неуклонно вечереет,
что кажется в последний раз.

дитя со страхом воспаленным
глядит (еще горячий лоб),
как если бы одушевленным
был в коридоре гардероб.

а утром солнца лучик пыльный
увидит мальчик и вберет
с великой чуткостью бессильной
все, что отныне не умрет.

содержание

Владимир Гандельсман (р. 1948) — поэт, эссеист и переводчик, родился в Ленинграде. Автор тридцати поэтических сборников и многочисленных переводов, опубликованных в России и США. Лауреат премий «Либерти» и «Русская премия».

Vladimir Gandelsman (b. 1948) — poet, essayist, and translator, born in Leningrad. Author of thirty poetry collections and numerous translations published in Russia and the United States. Recipient of the Liberty Award and the Russian Prize.

владимир гандельсман

воздух руками ловлю

First Edition

Design and typesetting: Virgola Press
Typeface Russkopis used under the X11 License
Published in 2025 by Virgola Press, New York
https://virgolapress.com